# BEI GRIN MACHT SICH IHR
# WISSEN BEZAHLT

- Wir veröffentlichen Ihre Hausarbeit, Bachelor- und Masterarbeit

- Ihr eigenes eBook und Buch - weltweit in allen wichtigen Shops

- Verdienen Sie an jedem Verkauf

## Jetzt bei www.GRIN.com hochladen und kostenlos publizieren

**Bibliografische Information der Deutschen Nationalbibliothek:**

Die Deutsche Bibliothek verzeichnet diese Publikation in der Deutschen National-
bibliografie; detaillierte bibliografische Daten sind im Internet über http://dnb.d-
nb.de/ abrufbar.

**Impressum:**

Copyright © 2016 GRIN Verlag
Druck und Bindung: Books on Demand GmbH, Norderstedt Germany
ISBN: 9783668936225

**Dieses Buch bei GRIN:**

https://www.grin.com/document/465153

Anonym

# Rolle und Einbindung des Controllers in die Organisation

GRIN Verlag

**GRIN - Your knowledge has value**

Der GRIN Verlag publiziert seit 1998 wissenschaftliche Arbeiten von Studenten, Hochschullehrern und anderen Akademikern als eBook und gedrucktes Buch. Die Verlagswebsite www.grin.com ist die ideale Plattform zur Veröffentlichung von Hausarbeiten, Abschlussarbeiten, wissenschaftlichen Aufsätzen, Dissertationen und Fachbüchern.

Universität Duisburg-Essen

Campus Duisburg

# Fakultät für Betriebswirtschaftslehre

Seminar

Sommersemester 2016

Die Rolle und Einbindung des Controllers in die Organisation

13.05.2016

# Inhaltsverzeichnis

# Abbildungsverzeichnis

# Abkürzungsverzeichnis

| | |
|---|---|
| Abb. | Abbildung |
| Abs. | Absatz |
| Aufl. | Auflage |
| bzw. | beziehungsweise |
| Dr. | Doktor |
| et al. | et alii (und andere) |
| etc. | et cetera (und so weiter) |
| f. | folgende |
| ggfs. | gegebenenfalls |
| Hrsg. | Herausgeber |
| ICV | Internationaler Controller Verein |
| IGC | International Group of Controlling |
| IT | Informationstechnik |
| Kap. | Kapitel |
| Matr.-Nr. | Matrikelnummer |
| MSM | Mercator School of Management |
| Nr. | Nummer |
| Prof. | Professor/in |
| S. | Seite |
| SSC | Shared Service Center |
| u.a. | unter anderem |
| URL | Uniform Resource Loactor |
| vgl. | vergleiche |
| WHU | Wissenschaftliche Hochschule für Unternehmensführung |
| www | world wide web |
| z.B. | zum Beispiel |

# 1 Einleitung

„Die Ökonomie ist keine exakte Wissenschaft, ihre Teildisziplin Controlling eben-
falls nicht und insofern verwundert es nicht, dass für eben diese Teildisziplin bis
zum heutigen Tag keine umfassende und allgemein anerkannte Definition existiert".[1]

Nachdem sich im Laufe der neunziger Jahre die koordinationsorientierte Sichtweise
nach Horváth durchzusetzen schien, wird über die konzeptionelle Ausrichtung und
Abgrenzung des Fachgebiets mit einer Vielzahl neuer Vorschläge in den letzten
Jahren erneut diskutiert. Jeder hat seine eigene Vorstellung darüber was Controlling[2] bedeutet bzw. bedeuten soll, seien es führende Wissenschaftler oder Manager
innerhalb der Unternehmung, die eine solche Querschnittsfunktion[3] zu besetzen haben.[4] Somit existiert eine gewisse Unklarheit bezüglich dieses Themengebietes.

Je nach Organisation stehen neben dem übergeordneten Ziel der nachhaltigen Si-
cherung der Unternehmensexistenz auch die Gewinnmaximierung[5] sowie die Sicherstellung der Liquidität im Fokus der Unternehmen. In diesem Zuge taucht nicht
selten die Frage nach geeigneten Controllern auf und welchen Beitrag diese für die
Organisation zur Zielerreichung leisten können.[6] Die Trendthemen wie Digitalisierung oder die Zentralisierung von Controlling-Prozessen rücken in der jüngeren
Vergangenheit immer mehr in den Fokus und beeinflussen das Rollenbild des Controllers.[7]

Mit steigender Unternehmenskomplexität und zunehmender Globalisierung wird
das Verlangen nach vollständiger Transparenz zur verbesserten rationalen Entscheidungsunterstützung auf allen Unternehmensebenen unvermeidbar. Die Rolle
des Controllers gewinnt hierdurch zunehmender Bedeutung und erfordert ein allgemeingültiges Verständnis.[8]

---

[1] Baier (2008): 1 in Anlehnung an vgl. Schildbach (1992): 21 und Landsberg/Weiß (1995): 13.
[2] Der Begriff "Controlling" leitet sich aus dem Verb "to control" ab. Unter der verbalen Form kann
   steuern, führen, regeln oder lenken verstanden werden. Hier liegt jedoch kein eindeutiges
   Verständnis zugrunde. Zu den verschiedenen Ausprägungsformen vgl. Rathe (1963): 32 sowie
   Deyhle (1996): 9f.
[3] Beschreibung ausführlich in Kap. 3.3.
[4] Vgl. Preissler (2007): 14f.
[5] Ausgeschlossen sind "Non-Profit" Organisationen. Hier werden Oberziele wie z.B. Nutzen-
   maximierung für die Öffentlichkeit verfolgt. Ausführlich dazu vgl. Witte/Hauschildt (1966): 85f.
[6] Vgl. Günther (1997): 68.
[7] Vgl. Axson (2015): 2-6.
[8] Vgl. Günther/Grüning (2002): 5-14.

Die vorliegende Arbeit soll dazu beitragen, die unterschiedlichen Sichtweisen des Controllings zu bündeln, ein einheitliches Rollenbild zu bestimmen und die Vor- und Nachteile im Rahmen der Einbindung in die Organisation zu analysieren. Für die Bestimmung des Rollenbildes wird neben der historischen sowie gegenwärtigen Betrachtung auch das zukünftige Bild des Controllers berücksichtigt.

Ausgehend von diesen Zielen werden im Rahmen der vorliegenden Arbeit nachfolgende Forschungsfragen beantwortet:

1. Wie hat sich das Rollenbild des Controllers im Zeitverlauf verändert und welchen Einfluss haben die aktuellen Entwicklungstendenzen auf das zukünftige Aufgabengebiet und die damit verbundene Rolle?
2. Welche Möglichkeiten zur Einbindung in die Organisation existieren und wo liegen die Vor- und Nachteile?
3. Welchen Herausforderungen steht der Controller im Rahmen seiner neuen Rolle gegenüber?

Für eine hinreichende Beantwortung dieser Fragen werden nach einem Exkurs in die Historie zunächst die bekannten Konzeptionen erläutert und das Controlling vom Treasury und der Internen Revision zum aufbauenden Verständnis abgegrenzt. Anschließend werden die funktionalen Aspekte, wie Aufgaben und Funktionen, beschrieben und das Rollenbild sowie das Anforderungsprofil des Controllers abgeleitet. Die institutionellen Aspekte im darauffolgenden Kapitel vermitteln neben der Erläuterung der organisatorischen und hierarchischen Einbindung des Controllings auch die Aufdeckung der Vor- und Nachteile zwischen der Stabs- und Linienfunktion sowie zwischen Zentralisierung und Dezentralisierung. Im vierten Kapitel werden die aktuellen Entwicklungstendenzen dargestellt und darauf aufbauend die Konsequenzen und Herausforderungen für das Controlling bzw. den Controller im Rahmen seiner neuen Rolle identifiziert. Abschließend werden die gewonnenen Erkenntnisse zusammengefasst, reflektiert und weitere Ansatzpunkte für den zukünftigen Forschungsbedarf aufgezeigt.

## 2 Historische Entwicklung des Controllings

Die Industrialisierung der USA von 1865 bis 1890 sorgte für eine steigende Zahl von Unternehmensneugründungen und eine Verschärfung der Wettbewerbsbedingungen. Die damit einhergehende Steigerung der Unternehmenskomplexität erforderte bessere Management-Techniken und Überwachungsfunktionen, um den neuen Marktbedingungen gerecht zu werden. Von staatlichen Ursprüngen geprägt, entstanden im Jahr 1890 die ersten, in den USA als „Comptroller" bezeichneten Stellen, in privatwirtschaftlichen Institutionen.[9]

Im deutschsprachigen Raum war der Begriff des Controllers lange Zeit unbekannt und fand in deutschen Tochterunternehmen amerikanischer Konzerne Ende der sechziger Jahre erstmals Gebrauch. Diese Entwicklung wurde Anfang der siebziger Jahre vorangetrieben. Ausgelöst durch die progressive Nachfrage an planungs- und kontrollorientierten Arbeitskräften für deutsche Unternehmen, unterlag das Controlling und die controlling-ähnlichen Tätigkeiten zunehmender Bedeutung.[10]

Durch die Praxis getrieben, erkannte die technische Universität Darmstadt die Bedeutsamkeit dieser jungen Teildisziplin und reagierte 1973 mit der Einrichtung des deutschlandweit ersten Controlling-Lehrstuhls.[11] Trotz Vorbehalte und einer verhaltenen Entwicklung[12] kam es Mitte der neunziger Jahre zu einer flächendeckenden Einrichtung von Controlling-Lehrstühlen, die laut *Küpper/Wagenhofer* (2002) auf die starke Entwicklung in der Praxis zurückzuführen sind.[13]

Aktuell tragen 79 Lehrstühle in Deutschland an staatlichen Universitäten die Bezeichnung „Controlling" als Namensbestandteil.[14] Die am häufigsten in Verbindung gebrachten Namenskombinationen sind Unternehmensrechnung/Rechnungswesen (36%) und Wirtschaftsprüfung (13%).[15] Diese Kombinationen implizieren, dass das Controlling eine klassische Querschnittsfunktion darstellt.

---

[9]   Vgl. Weber/Schäffer (2008): 3-8.
[10]  Diese Entwicklung wird durch die stichprobenartige Analyse der Stellenausschreibungen der Frankfurter Allgemeine Zeitung für den Zeitraum zwischen 1949 bis 1994 untermauert. Vgl. Weber/Schäffer (1998): 227-233.
[11]  Gründung und Aufbau erfolgte durch Péter Horváth. Vgl. Horváth/Gleich/Seiter (2015): 24.
[12]  Für die detailhierte Entwicklung der Anzahl deutschsprachiger Controlling-Lehrstühle siehe Anhang 1.
[13]  Vgl. Küpper/Wagenhofer (2002): 110.
[14]  Vgl. Crasselt/Lohmann (2013): 73f.
[15]  Vgl. Binder/Schäffer (2005): 101.

# 3 Aspekte des Controllings

## 3.1 Controlling-Konzeptionen in der deutschsprachigen Literatur

Trotz des herrschenden Trends der Akademisierung des Controllings, existiert in der heutigen Zeit weder in der Praxis noch in der Literatur eine einheitliche und allgemeingültige Definition. Aufgrund der breiten Meinungsvielfalt ist die deutschsprachige Literatur durch eine Vielzahl unterschiedlicher Controlling-Konzeptionen[16] gekennzeichnet.[17] In der Abbildung 1 werden die Konzeptionen von vier Autoren der führenden Lehrbücher unter dem Blickwinkel des gewählten Ansatzes und der Gemeinsamkeit zueinander verdeutlicht.

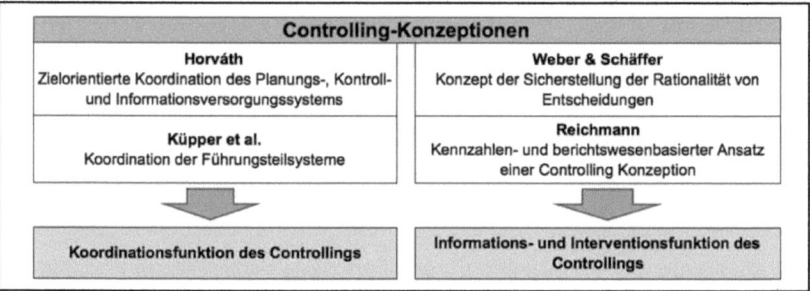

Abb. 1: Controlling-Konzeptionen (Quelle: in Anlehnung an Hubert (2016): 7)

Der koordinationsorientierte Ansatz nach Horváth stellt die älteste aus Deutschland stammende Controlling-Konzeption dar und wird lange Zeit als vorherrschende Denkweise betrachtet. In der Praxis ist gemäß seiner Ansicht das Führungssystem in das Planungs- und Kontrollsystem sowie das Informationsversorgungssystem zu unterteilen. Der Controller ist für die Koordinationsaufgaben sowie die laufenden Abstimmungen innerhalb dieser formalen Führungsteilsysteme verantwortlich.[18]

Eine Weiterentwicklung dieses Ansatzes erfolgt durch Küpper et al. Die Autoren sind der Auffassung, dass es sich beim Controlling um eine Management-Konzeption handelt, die sich umfassend auf die Koordination von Führungsteilsystemen bezieht. Im Gegensatz zu Horváth wird die Koordinationsfunktion auf die Organisation bzw. das Personal ausgeweitet.

---

[16] Controlling-Konzeptionen können als klar umrissene Grundvorstellung bezeichnet werden, die theoretisch fundiert und in der Praxis bewährt sind. Vgl. Ossadnik (2009): 13.
[17] Vgl. Baier (2008): 21f.
[18] Vgl. Horváth (1978): 202.

Mit zielgerichteter Lenkung der Personalführung, bedingt durch die Schaffung von Anreizsystemen, wird das Controlling zu einer Komponente der Führung sozialer Systeme und ist mit einer limitierten Weisungsbefugnis ausgestattet.[19]

Ende der neunziger Jahre wurde von Weber und Schäffer die als „neu wahrgenommene" rationalitätsorientierte Controlling-Konzeption entworfen. Die beiden Autoren sehen die grundlegende Funktion des Controllings in der Sicherstellung von Führungsrationalität[20] und gehen davon aus, dass innerhalb der Führung von Managern Fehler durch „Wollens- und Könnensbeschränkungen" entstehen. Die Aufgabe des Controllings soll darin bestehen, dem Management gezielt Instrumente bereit zu stellen, die Denkfehler und verhaltensorientierte Muster der Unternehmensführung aufdecken sowie ihnen ggfs. Handlungsalternativen vorschlagen. Soweit mit der Führung vereinbart, können diese vom Controlling umgesetzt werden. Nach ihrem Ansatz kann das Controlling als Ergänzung der Unternehmensführung aufgefasst werden.[21]

Die letzte hier zu betrachtende Konzeption ist der kennzahlenbasierte Ansatz von Reichmann. Seiner Auffassung nach wird das Controlling als „eine rechnungswesen- und vorsystemgestützte Systematik zur Verbesserung der Entscheidungsqualität auf allen Führungsstufen der Unternehmung"[22] verstanden. Mit Hilfe von Kennzahlensystemen[23], unter expliziter Einbindung des externen Rechnungswesens sowie der Systemteile (z.B. Marketing- oder Finanzcontrolling), soll die größtmögliche Transparenz aller Geschäftsprozesse erzielt werden.[24] Die überwiegend empfängerorientierte Informationsbereitstellung erfolgt in Form eines ausführlichen Berichtswesens und trägt zur Entscheidungsfindung bei.[25]

---

[19]  Vgl. Küpper et al. (2013): 32ff.
[20]  In diesem Zusammenhang wird Rationalität als Handlung verstanden, die zur Erhöhung der Wahrscheinlichkeit, dass die Führungshandlungen den Mittel-Zweck-Beziehungen entsprechen, beitragen. Vgl. Weber/Schäffer/Prenzler (2001): 26-34.
[21]  Vgl. Weber/Schäffer (2014): 23-26.
[22]  Vgl. Reichmann (2001): 10.
[23]  Unter einem Kennzahlensystem wird eine Zusammenstellung von quantitativen Variablen verstanden, wobei die jeweiligen Kennzahlen in einer sachlichen Beziehung zueinanderstehen, erklären oder einander ergänzen und insgesamt auf ein gemeinsames Ziel ausgerichtet sind. Für nähere Ausführungen der Begrifflichkeit vgl. Reichmann/Lachnit (1977): 43ff.
[24]  Voraussetzung hierfür ist eine funktionsablauforientierte Unternehmensorganisation. Siehe hierzu Kap. 3.4.
[25]  Vgl. Reichmann (2001): 10f.

## 3.2 Abgrenzung des Controllings

Einige Tätigkeiten, die in der Nähe des Controllings angesiedelt sind, führen zu personellen[26] sowie inhaltlichen Überschneidungen und werden zum Verständnis des fortlaufenden Kapitels voneinander abgegrenzt. Die vom Controlling abzugrenzenden Instanzen bilden das Treasury und die Interne Revision.[27] Die folgende Abbildung 2 vermittelt einen Überblick über die wesentlichen Unterschiede und Gemeinsamkeiten.

| Controller | Treasurer | Interner Revisor |
|---|---|---|
| **Unterschiede** | | |
| • (Mit-) Gestaltung der Unternehmensziele mit dem Ziel der Vermögensmehrung<br>• Ständige Begleitung der laufenden Steuerungshandlungen, Zielbildung und Zielerreichung<br>• Beratung bei der Entscheidungsfindung<br>• Unterstellung von Daten- und Methodenrichtigkeit<br>• Funktionsbeschreibung meist als Zielerreichungslotse | • Sicherung des Unternehmensfortbestands (Vermeidung von Überschuldung)<br>• Minimierung der Kapitalkosten und Optimierung des Finanzerfolgs<br>• Koordinierung der Zahlungsströme nach bzw. von außen sowie innerhalb des Unternehmensverbunds | • Überprüfung der Einhaltung der Unternehmensziele mit dem Ziel des Vermögensschutzes<br>• Situative, schwerpunktwechselnde Überwachungstätigkeit<br>• Prüfung des betrieblichen Leistungsvollzuges auf Ordnungsmäßigkeit und Wirtschaftlichkeit<br>• Überprüfung von Daten- und Methodenrichtigkeit<br>• Funktionsbeschreibung meist als Schatzmeister |
| **Gemeinsamkeiten** | | |
| • Keine einheitlichen Aufgabenprofile<br>• Hohe fachliche und persönliche Anforderungsprofile an Stelleninhaber<br>• Aufgabengebiet mit abteilungsübergreifender Tragweite<br>• Verfolgen das gemeinsame Ziel der Verminderung von Unsicherheit über zukünftige Entwicklungen | | |

Abb. 2: Abgrenzung Controlling (Quelle: in Anlehnung an Graumann (2014): 17)

## 3.3 Der funktionale Aspekt des Controllings

Im Controller-Leitbild der „International Group of Controlling"[28] heißt es übergeordnet: „Controller gestalten und begleiten den Management-Prozess der Zielfindung, Planung und Steuerung und tragen damit eine Mitverantwortung für die Zielerreichung"[29]. Idealerweise steht der Controller mit seiner strategiebildenden, planenden, steuernden, koordinierenden und kontrollierenden Funktion dem Top-Management beratend zur Seite.[30] Diese Funktionen sind laut einer Studie von *Stoffel* (1995) im internationalen Vergleich unterschiedlich ausgeprägt. Während in

---

[26] Controller können auch außerhalb des Controllings z.B. als Projektleiter im Rahmen der internen Revision bei effizienzbezogenen Projekten eingesetzt werden. Neben der Methodenkenntnis bringen sie den Vorteil der Unabhängigkeit mit, da sie einem anderen Funktionsbereich organisatorisch unterliegen. Vgl. Preißner (2010): 26.

[27] Vgl. Preißner (2010): 25ff.

[28] Mitglieder der International Group of Controlling (IGC) sind Unternehmen und Institutionen, die Controlling in der praktischen Anwendung und Weiterentwicklung fördern wollen. Hierzu gehören u.a. der Bundesverband der Bilanzbuchhalter und Controller und der Internationale Controller-Verein (ICV). Ausführlich dazu vgl. IGC (2016).

[29] IGC (2005): 52.

[30] Vgl. Graumann (2014): 11.

Deutschland Planungs-, Kontroll- und Informationsversorgungsaufgaben gleichbedeutend sind, führt der starke Rechnungswesenanteil in den USA zu einer finanzzahlendominierten Schwerpunktlegung.[31]

Wie auch bei den Konzeptionen divergieren die Aufgabenschwerpunkte nach Autoren unterschiedlich und lassen sich nicht einheitlich feststellen. Hier liefert das Controller-Leitbild der IGC mit dem Versuch eines international akzeptierten Standards Abhilfe und fasst das Aufgabenspektrum[32] aktuell wie folgt zusammen:

- „Controller sorgen für Strategie-, Ergebnis-, Finanz- und Prozesstransparenz und tragen somit zu höherer Wirtschaftlichkeit bei.

- Controller koordinieren Teilziele und Teilpläne ganzheitlich und organisieren unternehmensübergreifend das zukunftsorientierte Berichtswesen.

- Controller moderieren und gestalten den Management-Prozess der Zielfindung, der Planung und der Steuerung so, dass jeder Entscheidungsträger zielorientiert handeln kann.

- Controller leisten den dazu erforderlichen Service der betriebswirtschaftlichen Daten- und Informationsversorgung.

- Controller gestalten und pflegen die Controllingsysteme"[33].

Neben der IGC sieht auch *Ebert* (2011) das Controlling als Managementfunktion an, die in enger Zusammenarbeit von Managern und Controllern erbracht wird.[34] Dieses Teamgefüge wird in der nachfolgenden Abbildung 3 verdeutlicht.

---

[31]  Vgl. Stoffel (1995): 157.
[32]  Das Aufgabenspektrum wird im Rahmen dieser Arbeit nicht auf Teilaufgaben runtergebrochen, da diese zwischen operativen- und strategischen Controlling sowie je nach Einbindungsebene variieren.
[33]  IGC (2005): 52.
[34]  Vgl. Ebert (2011): 78.

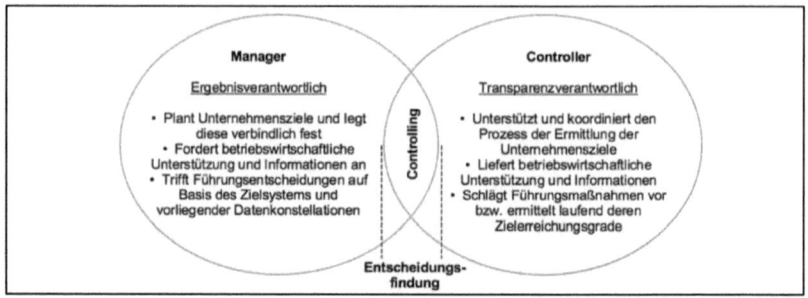

Abb. 3: Manager und Controller im Team (Quelle: in Anlehnung an Deyhle/ Kottbauer/Pascher (2010): 35)

Nicht nur steuern und regeln, sondern auch das Führen zum praktischen Erreichen der vereinbarten Ziele wird durch die abgebildete Schnittstelle deutlich. Das hier vorgestellte Teamgefüge mit einhergehender Überschneidung versteht sich als Querschnittsfunktion. Die stärkere Einbindung der Controller in Fragen des strategischen Managements hat über den Zeitablauf der letzten Jahre deutlich zugenommen, welches die Aufgabenanalyse von *Weber/Schäffer* (1998) über einen Erhebungszeitraum von 50 Jahren suggeriert.[35]

Anfang der siebziger Jahre war der Controller noch stark buchhalterisch fokussiert und von der Kostenplanung und -steuerung geprägt. Aus dieser Zeit stammt das noch heute negativ belegte Rollenbild wie „Bremser", „Erbsenzähler" oder „Kontrolleur". Mit steigender Etablierung des Berufstandes und Tools wie das Target Costing und die Prozesskostenrechnung ging ein zunehmendes kapitalmarktorientiertes Agieren der Controller einher. Somit wandelte sich die Rolle vom „kontrollorientierten Lotsen" in den neunziger Jahren zum marktorientierten Experten für Kosten- und Leistungsindikatoren. In der Folgezeit hat sich das Rollenverständnis erneut verändert. Eine vom ICV, in Kooperation mit dem Lehrstuhl für Controlling der WHU durchgeführte Studie aus dem Jahr 2006, kommt zu dem Ergebnis, dass neben der passiven Rolle des Controllers, mehr die Rolle des „Internen Beraters", „Business Partner" oder des „Change Agent" dominiert. Diese Rollenbilder sind auf die zunehmende Interaktion zwischen Manager und Controller zurückzuführen sowie der stärkeren Einbindung in Entscheidungsprozesse, mit einhergehender Erweiterung des Aufgabenspektrums.[36]

---

[35] Vgl. Weber/Schäffer (1998): 229. Für einen Einblick in die Aufgabenanalyse siehe Anhang 2.
[36] Vgl. Weber et al. (2006): 43ff.

Diese enge Zusammenarbeit und das damit verbundene Rollenbild lässt sich auch anhand publizierter Beispiele von Henkel[37] oder Volkswagen[38] aus dem Jahr 2012 verdeutlichen. Bei Letzterem hat sich der passiv agierende „Kontrolleur" zum aktiv an der Entscheidungsfindung beitragenden „Innovator" weiterentwickelt. Dieses Rollenverständnis kommt dem eines „Business Partner" gleich.

Laut einer Studie vom *Desroches/Lawson* (2014) durchläuft auch das Rollenbild des Controllers in den USA einen Veränderungsprozess. Neben dem finanzzahlen-dominierten Schwerpunkt kommt eine strategie- und entscheidungsorientierte Integration sukzessiv zum Tragen.[39]

Einhergehend mit der Rollenveränderung des Controllers erwächst ein komplexes Anforderungsprofil an den entsprechenden Stelleninhaber. Die fassettenreichen Aufgaben des Controllings erfordern eine hohe Handlungskompetenz, die neben der fachlichen Kompetenz auch zunehmend persönliche Kompetenzen umfassen, wie z.B. Sozial-, Methoden- und Problemlösungskompetenzen.[40]

Während früher eine kaufmännische Berufsausbildung ausreichend erschien, steigt die Bedeutung eines Hochschulstudiums in der heutigen Zeit kontinuierlich an. Neben analytischen Fähigkeiten und Grundkenntnisse des internen Rechnungswesens sowie der IT, bilden Kompetenzen wie Kommunikations- und Überzeugungsfähig-keiten, Standfestigkeit und Teamfähigkeit die Grundvoraussetzungen. Die Verbes-serungsvorschläge der Controller sollten fachlich und praktisch fundiert sein. Aus diesem Grund steigt die Akzeptanz bei den Managern, sofern gute Kenntnisse des operativen Geschäftes zugrunde liegen.[41] Die Controller werden vielmehr in die Lage versetzt relevante Problemstellungen zu identifizieren, analysieren und effek-tive sowie effiziente Lösungen zu erarbeiten.[42]

---

[37] Vgl. Knobel (2012): 1.
[38] Vgl. Pötsch (2012): 150f.
[39] Vgl. Desroches/Lawson (2014): 7-12.
[40] Vgl. Graumann (2014): 15f.
[41] Vgl. Deimel/Heupel/Wiltinger (2013): 33ff.
[42] Im Anhang 3 ist eine beispielhafte Stellenausschreibung dargestellt, die das entwickelte Anfor-derungsprofil an der Controllerposition in der Praxis verdeutlicht.

## 3.4 Der institutionelle Aspekt des Controllings

Für eine effektive und effiziente Planung, Steuerung und Kontrolle aller Unternehmensprozesse, ist das Controlling organisatorisch in die Unternehmung einzubinden. In Abhängigkeit der Strategie des Unternehmens, der Unternehmensgröße, des Aufgabenumfangs und der Komplexität des Unternehmensumfeldes sind unterschiedliche Konstellationen der Implementierung in die Unternehmensstruktur denkbar.[43] Hier gibt es verschiedene Gestaltungsparameter, die bei der Einbindung des Controllings zu berücksichtigen sind, wie z.B. das Ausmaß der Kompetenz der Controlling-Abteilung (Spezialisierung), die hierarchische Einordnung und der Grad der Zentralisierung bzw. Dezentralisierung.

Die Rolle des Controllers als „Business Partner" setzt die Notwenigkeit voraus, sich auf Augenhöhe mit den Entscheidungsträgern auseinanderzusetzen, sofern diese Haltung seitens der Geschäftsführung gewünscht ist. Hierfür benötigt das Controlling maximale Einsicht in alle verfügbaren Informationen des internen sowie externen Rechnungswesens, ohne selbst durch diese in Anspruch genommen zu werden.[44] In der Abbildung 4 ist diese Konstellation grafisch als Stabsstelle aufgeführt und aus der formalen Linienorganisation herausgelöst.

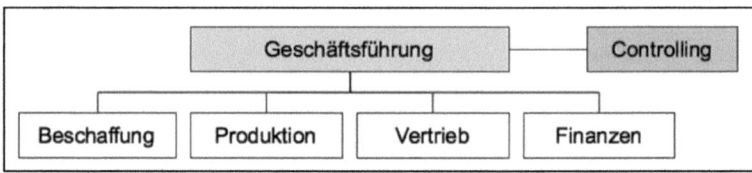

Abb. 4: Controlling als Stabsstelle der Geschäftsführung (Quelle: eigene Darstellung)

Das Controlling erhält direkte Anweisungen von der Geschäftsführung ohne mit eigenen Weisungsbefugnissen ausgestattet zu sein. Diese Variante empfiehlt sich für Unternehmen, bei denen das Management viel Unterstützung in Form von Zuarbeit und zugleich eine hohe Neutralität sowie Unabhängigkeit seitens der Controller benötigt. Gegenüber den anderen Geschäftsbereichen hat das Stabscontrolling eine unterstützende und beratende Funktion. Die Verbesserungsvorschläge für das operative Geschäft und die Durchführung von Controlling-Standards können nur von der Geschäftsführung umgesetzt werden, da das Controlling im Rahmen

---

[43] Vgl. Rao (2003): 13f.
[44] Vgl. Hubert (2016): 16.

der Stabsstellen-Funktion ausschließlich als „interner Berater" für Serviceleistungen agiert.[45]

Neben einer einzigen Stabsstelle wie in Abbildung 4 dargestellt, ist die Einrichtung von Stabshierarchien möglich. In diesem Fall wird die Stabsstelle durch eine Linienstruktur unterlegt, indem z.b. dem Leistungsbereich „Zentral-Controlling" Sparten- oder Funktionscontrolling-Abteilungen unterstehen.[46] Werden die Mitarbeiter des Controlling seitens der Geschäftsführung nicht Vollzeit ausgelastet, wie es häufig in mittelständischen Unternehmen der Fall ist, bietet sich eine andere Art der organisatorischen Einbindung an.[47]

In der Struktur der Funktionsablauforientierung wird das Controlling als Linienstelle neben bzw. unter Abteilungen wie z.b. Beschaffung, Produktion etc. implementiert, wie die nachfolgende Abbildung 5 verdeutlicht.[48]

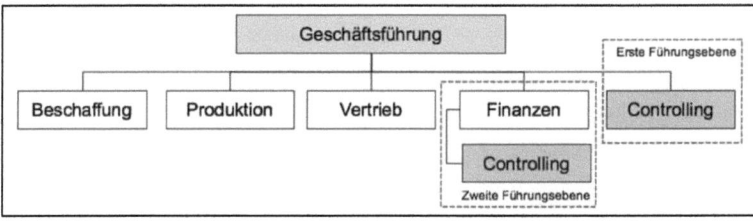

Abb. 5: Controlling als Linienstelle in erster/zweiter Führungsebene (Quelle: eigene Darstellung)

Die Mehrzahl der Controller sind laut *Preissler* (2007) in der ersten bzw. zweiten Führungsebene des Unternehmens tätig, wobei die Anordnung auf der zweiten Ebene dominiert.[49] Bei Letzterem ist das Controlling dem Geschäftsbereich Finanzen zugeordnet und bietet eine notwendige Distanz zur Geschäftsführung. Somit hat der Controller die direkte Anbindung zu den Entscheidungsträgern ohne selber als dieser zu fugieren. Durch diese Unabhängigkeit kann das Controlling der Rolle des „internen Beraters" nachkommen.[50]

---

[45] Vgl. Deimel/Heupel/Wiltinger (2013): 38f.
[46] Vgl. Graumann (2014): 25.
[47] Vgl. Hubert (2016): 17f.
[48] Als Gestaltungsoption kann die Einbindung auf der ersten Führungsebene (Vorstandsebene), der zweiten Führungsebene (z.B. Bereichsleiterebene) oder einer untergeordneten Führungs-ebene (z.B. Abteilungsleiterebene) erfolgen. Vgl. Deimel/Heupel/Wiltinger (2013): 43f.
[49] Vgl. Preissler (2007): 46.
[50] Vgl. Buchholz (2013): 40f.

Auf der ersten Führungsebene hingegen besitzt das Controlling innerhalb der Organisationseinheit Weisungsbefugnis und erhält zur Erfüllung seiner Aufgaben Vorschlags-, Beratungs- und Mitsprachekompetenzen bei wichtigen Unternehmensentscheidungen. Mit Hilfe dieser Kompetenzen kann das Controlling leichter einheitliche Standards und Prozesse (z.B. Planungs- und Kontrollprozesse) etablieren. Zudem ist die Controlling-Abteilung ein gleichwertiges Mitglied der Führungsorganisation und erlangt hohe Wertschätzung durch die Geschäftsführung. Wird das Controlling auf eine der nachgelagerten Ebenen angesiedelt, spricht diese Anordnung für eine geringe Autorität und Bedeutsamkeit der Abteilung im Unternehmen.[51]

Auf welcher hierarchischen Ebene das Controlling eingebunden ist, hängt laut *Horváth* (2006) von der Entwicklungsstufe der Controlling-Aufgaben ab. „Der organisatorische Status muss dem Controller die Erfüllung seiner Aufgaben ermöglichen"[52]. Mit dieser Aussage impliziert Horváth, das eine Einordnung auf der ersten Führungsebene nötig ist, sofern sich der Controller mit ressortübergreifenden Koordinationsaufgaben befasst. Liegt der Fokus hingegen auf informatorische Aufgaben ohne eigene Weisungsbefugnis, ist eine Zuordnung auf zweiter Ebene ausreichend. In der Abbildung 6 werden aus den zuvor gewonnenen Erkenntnissen die Vor- und Nachteile der Stabs- und Linienstelle ableitet und dargestellt.

| Stabsstelle | | Linienstelle | |
| --- | --- | --- | --- |
| | | Erste Führungsebene | Nachfolgende Führungsebenen |
| • Hohe Neutralität und Unabhängigkeit<br>• Direkte Anbindung an die Entscheidungsträger (Geschäftsführung)<br>• Maximale Einsicht in alle verfügbaren Informationen des internen sowie externen Rechnungswesens und somit Bildung von Spezialwissen möglich<br>• Gesamtunternehmensbezogene Sichtweise | Vorteile | • Weisungsbefugnis und somit direkte Umsetzung von Entscheidungen möglich<br>• Hohe Akzeptanz und Autorität innerhalb der Linie und ressortübergreifend<br>• Hohe Informationstransparenz | • Höhere Neutralität und Unabhängigkeit im Vergleich zur ersten Führungsebene |
| • Nicht nah genug am operativen Geschäft<br>• Keine Weisungsbefugnis und somit keine direkte Umsetzung von Entscheidungen möglich<br>• Geringe Akzeptanz und Autorität in der Organisation<br>• Informationelle Abhängigkeit von der Linie<br>• Abwendung vom Tagesgeschäft | Nachteile | • Geringe Neutralität und Unabhängigkeit<br>• Abteilungsdenken fördert Betriebsblindheit<br>• Überlastung und keine kontinuierliche Funktionsausfüllung möglich<br>• Teil des Führungs- und Entscheidungssystems | • Geringe Informationstransparenz<br>• Geringe Durchsetzungsfähigkeit<br>• Geringe Akzeptanz und Autorität in der Organisation<br>• Indirekter Zugang zu Entscheidungsträgern |

Abb. 6: Vor- und Nachteile der Stabs- und Linienstelle (Quelle: eigene Darstellung)

---

[51] Vgl. Deimel/Heupel/Wiltinger (2013): 38f.
[52] Horváth (2006): 815.

Mit zunehmender Unternehmensgröße stellt sich häufig die Frage der Zentralisierung bzw. Dezentralisierung von Controlling-Abteilungen, Aufgaben und Funktionen. Bei einer zentralen Organisation unterliegt das Controlling organisatorisch dem Geschäftsbereich Finanzen. Die dezentralen Controlling-Abteilungen sind hierbei disziplinarisch und fachlich dem Zentral-Controlling unterstellt. Das Zentral-Controlling ist für die Koordination der dezentralen Controlling-Abteilungen zuständig und trägt für dessen Aufgabenerfüllung Verantwortung.[53]

Bei einer dezentralen Organisation hingegen ist jedem Geschäftsbereich eine eigene Controlling-Abteilung disziplinarisch und fachlich unterstellt, wodurch eine unmittelbare Einbindung in das operative Tagesgeschäft einhergeht.[54] Daraus resultiert eine hohe Akzeptanz bei den operativen Linienmanagern, die häufig eine fehlende Unabhängigkeit und kritische Distanz zur Folge haben. Die nachfolgende Abbildung 7 visualisiert eine zentrale und dezentrale Controlling-Organisation.

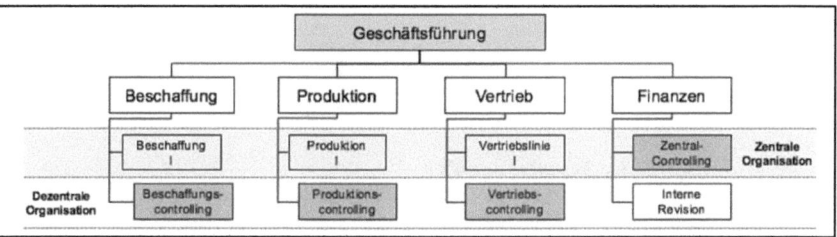

Abb. 7: Zentrale und dezentrale Controlling-Organisation (Quelle: eigene Darstellung)

Die Frage nach der optimalen Organisation kann nur betriebsindividuell und unter Beachtung des Unternehmensleitbildes, der Abwägung von Vor- und Nachteilen sowie der gelebten Führungsstile beantwortet werden.[55] Die Vor- und Nachteile der Zentralisierung bzw. Dezentralisierung stehen partiell in konfliktärer Beziehung zueinander und werden in der nachfolgenden Abbildung 8 dargestellt.

---

[53] Vgl. Deimel/Heupel/Wiltinger (2013): 40f.
[54] Vgl. Jung (2014): 38.
[55] Vgl. Stelling (2009): 253.

| Zentrale Organisation | | Dezentrale Organisation |
|---|---|---|
| • Implementierung unternehmenseinheitlicher Controlling-Standards und Prozesse (z.B. einheitliche Kennzahlen, einheitlicher Planungsprozess etc.)<br>• Unabhängigkeit gegenüber Linieninstanzen<br>• Steigerung der Durchsetzungsfähigkeit und schnelle Informationsversorgung an den Geschäftsbereich Finanzen | **Vorteile** | • Berücksichtigung von Linienbedürfnissen<br>• Hohe Akzeptanz und Autorität innerhalb der Linie<br>• Vertrauensvolle und gute Zusammenarbeit mit dem jeweiligen Geschäftsbereich (hoher Servicenutzen)<br>• Entscheidungsunterstützung der Linie<br>• Spezialwissen vom jeweiligen operativen Tagesgeschäft (nah am Geschehen) |
| • Wahrnehmung als "Kontrolleur" und "Spion der Zentrale"<br>• Geringe Akzeptanz und Autorität in den Geschäftsbereichen<br>• Besonderheiten des linienspezifischen Tagesgeschäftes werden vernachlässigt<br>• Gefahr einer Informationsblockade seitens der Geschäftsbereiche | **Nachteile** | • Geringe Neutralität, Unabhängigkeit und Distanz zu Linienaktivitäten<br>• Vernachlässigung der Gesamt-Controlling-Konzeption<br>• Heterogene Controlling-Struktur verhindert Implementierung unternehmenseinheitlicher Controlling-Standards und Prozesse<br>• Verstärkung des Partikularismus (Bestreben eigene Sonderinteressen durchzusetzen) |

Abb. 8: Vor- und Nachteile der jeweiligen Controlling-Organisation (Quelle: eigene Darstellung)

Um die Vorteile vom zentralen und dezentralen Controlling zu verbinden und die Nachteile zu reduzieren, werden heutzutage Controlling-Abteilungen bei größeren Unternehmenseinheiten in einer sogenannten „Dotted Line" Organisation angesiedelt. Das dezentrale Controlling ist fachlich dem Zentral-Controlling und disziplinarisch dem jeweiligen Geschäftsbereich zugeordnet.[56]

# 4 Controlling im Wandel der Zeit

## 4.1 Aktuelle Entwicklungstendenzen

Neben den zuvor analysierten Einbindungsmöglichkeiten des Controllers werden sogenannte „Shared Service Center"[57] von großen und mittelständischen Unternehmen zunehmend eingerichtet. Die SSC-Organisation kann als eine Form des internen Outsourcings betrachtet werden, bei der Funktionen, Aufgaben oder Abteilungen aus ihrer ursprünglichen Organisationseinheit herausgenommen und mit vergleichbaren Einheiten zusammengeführt werden. Dadurch wird das Ziel verfolgt, Controlling-Prozesse und unterstützende Leistungen der Organisationseinheiten an einem zentralen Standort zu bündeln und somit Skaleneffekte bereichsübergreifend

---

[56] Vgl. Gleich/Michel (2007): 42f. Für einen detaillierten Einblick in die Vor- und Nachteile der Dotted Line Organisation siehe Anhang 4.

[57] Unter dem Begriff Shared Service Center (SSC) wird die Konsolidierung und Zentralisierung von Dienstleistungsprozessen mehrerer Organisationseinheiten in eine zentral aufgestelle Organisation verstanden. Die SSC-Organisation hat neben dem Ziel der Kosteneinsparung das Ziel der Prozess-Standardisierung sowie der Schaffung einer höchstmöglichen Transparenz. Die am häufigsten ausgelagerten Bereiche sind z.B. Call Center Aktivitäten, das Reisekostenmanagement, das Finanz- und Rechnungswesen sowie unterstützende Tätigkeiten für das Personalwesen. Ausführlich dazu vgl. Weber/Gschmack (2012): 44ff.

zu realisieren.[58] Aktuelle Studien renommierter Beratungsgesellschaften untermauern diesen Trend und verdeutlichen, dass im Controlling besonders die Aufgabenbereiche des Berichtswesens und der Konsolidierung betroffen sind.[59] Die Mitarbeiter des SSC übernehmen die transaktionalen Tätigkeiten wie z.B. die Aufbereitung und Instandhaltung der Daten und stellen diese den zentralen und dezentralen Controllern zur weiteren Verwertung zur Verfügung. Die Controller verifizieren die Daten, nehmen ggfs. Ergänzungen vor und konzentrieren sich primär auf dessen Analyse sowie auf die Beratung und Unterstützung des Managements.[60]

Ein weiteres Trendthema ist die Digitalisierung des Controllings im Zusammenhang mit der „Industrie 4.0". Anstelle von nachträglichen Steuerungsmaßnahmen durch das Controlling werden im Rahmen der Echtzeitsteuerung Daten in dem Moment erfasst und verarbeitet, in denen sie anfallen. Dies geschieht mit Hilfe von „Business Intelligence Systemen". Die automatisierte Datenaufnahme und dessen Analyse sowie Bereitstellung erfolgen mit zunehmender Digitalisierung ohne Zeitverzögerung. Sie führen somit zu einem möglichen Wettbewerbsvorteil für das Unternehmen.

Durch die Zeitersparnis bei der Datenaufbereitung können die Controller schneller die relevanten Daten zu Informationen verarbeiten und deshalb mehr Zeit für dessen Analyse investieren, wodurch die Qualität der Entscheidungsunterstützung steigt.[61]

Einhergehend mit den technischen, methodischen und prozessualen Veränderungen, werden die Fähigkeiten und Fertigkeiten im Controlling kontinuierlich weiterentwickelt und die Schnittstelle zur IT ausgeweitet. Der zukünftige Controller muss neben den in Kapitel 3.3 beschriebenen Anforderungen zunehmend die Fähigkeit aufweisen, potenziell relevante Informationen für die Steuerung des Unternehmens zu identifizieren. Zudem muss der Controller die Fähigkeit besitzen, eine anschließende Realisierbarkeitsuntersuchung in Zusammenarbeit mit der IT durchzuführen.[62]

Neben den beiden Entwicklungstendenzen sind laut einer 2014 erschienen CFO-Studie von Horváth & Partners Themen wie „Big Data", der Einsatz von „Advanced

---

[58] Zahlreiche Konzerne darunter E.ON, RWE etc. haben seit einigen Jahren ihre Buchhaltungs- und Finanzdienstleistungen nach Osteuropa verlagert. Vgl. E.ON (2012) und RWE (2014).
[59] Vgl. EY (2015) und KPMG (2013).
[60] Vgl. Gleich/Michel (2007): 311f.
[61] Vgl. BITKOM (2014): 22.
[62] Vgl. Horváth et al. (2015): 36-40.

Analytic Tools" oder die Bedeutung von „Value-Chain-Controlling" von Verant-
wortungsträgern aus den Finanzfunktionen als Zukunftsthemen empfunden wur-
den.[63] Die Befragten erhoffen sich mit Hilfe der aktuellen Entwicklungstendenzen
eine verbesserte Entscheidungsunterstützung durch das Controlling, eine gestei-
gerte Geschwindigkeit und Qualität in der Unternehmensplanung sowie eine hohe
Prozesstransparenz.[64]

## 4.2 Konsequenzen und Herausforderungen

Die aktuellen Entwicklungstendenzen untermauern die bereits im Kapitel 3.3 fest-
gestellte Veränderung der Rolle des Controllers als „Business Partner". Sie verdeutlichen, dass mit einhergehender Automatisierung und Digitalisierung sowie der
Verlagerung von transaktionalen Prozessen in die SSC-Organisation, die Entscheidungsunterstützung durch das Controlling an Bedeutung zunimmt. Die enge Zusammenarbeit bei der effizienz- und effektivitätsorientierten Steuerung mit dem
Management birgt die Gefahr entstehender Konflikte und ist kritisch zu hinterfra-
gen.

Die Beteiligung des Controllers bei der Entscheidungsfindung erfordert seine enge
Einbeziehung bei gleichzeitiger Durchführung der internen Überwachungsmaßnah-
men. Das Controlling überwacht seine Entscheidungen selbst und legt mit entsprechenden Berichten die finanzielle Situation des Unternehmens nieder. Letzteres erfordert vom Controller eine gewisse Unabhängigkeit. Die Forderung der Unabhängigkeit durch das Management und die gleichzeitige Einbindung in die Entscheidungsprozesse stellt eine übergeordnete Herausforderung dar und sollte mit Hilfe
des nachfolgenden Lösungsansatzes bewahrt werden.[65]

Eine Möglichkeit zur Wahrnehmung der Unabhängigkeit besteht laut *Sathe* (1978)
in der gespaltenen disziplinarischen und fachlichen Zuordnung der Controlling-Abteilung. Eine starke Ausprägung der Zuordnung dezentraler Controller zum Zentral-
Controlling steigert deren Unabhängigkeit gegenüber den dezentralen Einheiten.
Mit zunehmender Tätigkeitsdauer der Controller steigt auch die Gefahr, dass persönliche Machtpositionen aufgebaut werden können und somit die Unabhängigkeit

---

[63] Diese Trendthemen werden im Rahmen der vorliegenden Arbeit nicht weiter behandelt. Für detaillierte Informationen vgl. Grönke/Heimel (2014): 86f.
[64] Vgl. Horváth & Partners (2014).
[65] Vgl. Amshoff (1993): 132.

und kritische Distanz verloren geht. Mit regelmäßigen Personalrotationen innerhalb der Controlling-Abteilung können Entscheidungen nach einem Personalwechsel unbefangener kritisch hinterfragt werden. Diese Rotation verlangt eine höhere Flexibilität, bietet jedoch die Chancen zum Wissensaufbau.[66]

Für den Controller besteht eine weitere Herausforderung darin, seine Rolle als „Business Partner" einheitlich in der Organisation zu etablieren und ein allgemeingültiges Leitbild bereichsübergreifend zu vermitteln. Als wesentliche Barrieren bei der Umsetzung dieses Leitbildes wirken Verständigungsprobleme und zwischenmenschliche Konfliktpotentiale. Diese sind Ergebnis unterschiedlicher Kenntnisse, Sichtweisen und Rollen der Beteiligten. Mit Etablierung einer Controller-Community[67], in der die Business-Partner-Rolle als kulturelles Element gelebt wird und einer abgestimmten Aufgaben- und Anforderungsabgrenzung, in Zusammenarbeit mit dem Management, wird das Ziel verfolgt, eine übereinstimmende Erwartungshaltung zur Konfliktvermeidung im Unternehmen zu etablieren.[68]

---

[66] Vgl. Sathe (1978): 103f.
[67] Eine Controller-Community umfasst verschiedene Themengebiete wie z.B. Mentoren- und Schulungsprogramme, Kommunikation und Austausch mit Fachkollegen sowie die Verwendung von Leitbildern zur Vermittlung eines einheitlichen Controllerverständnisses. Ausführlich dazu vgl. Weber et al. (2006): 53f.
[68] Vgl. Weißenberger et al. (2012): 332ff.

# 5 Fazit

Ziel dieser Arbeit war es, die unterschiedlichen Sichtweisen des Controllings zu bündeln, ein einheitliches Rollenbild zu bestimmen sowie die Vor- und Nachteile im Rahmen der Einbindung in die Organisation und die daraus resultierenden Herausforderungen zu analysieren.

Mit steigender Etablierung des Berufstandes, Weiterentwicklung der Analysetools, Prozess-Automatisierung und -Digitalisierung sowie zunehmender Interaktion zwischen Manager und Controller, wandelte sich die Rolle des Controllers vom „kontrollorientierten Lotsen" in den neunziger Jahren zum heutigen „Business Partner".[69]

Während vor einigen Jahren der Controller einen Großteil seiner Arbeitszeit mit der Datenaufbereitung und deren Auswertung beschäftigt war, stehen im Zuge der Digitalisierung und Automatisierung neben den traditionellen Tätigkeiten der Planung, Steuerung und Kontrolle verstärkt Analyse, Beratung und Koordination im Aufgabenfokus.

Zunehmend stellt sich die Frage, welche Rolle der Controller nach dem „Business Partner" einnimmt. Stagniert die Entwicklung des Controllings und der Controlling-Aufgaben in den nächsten Jahren oder verändert sich die Rolle erneut?

Durch die Analyse aktueller Studien wird deutlich, dass Automatisierung, Digitalisierung, Zentralisierung und Prozess-Standardisierung die Controller-Tätigkeiten stark beeinflussen und von einem weiteren Rückgang der Datensammlung und deren Aufbereitung auszugehen ist. Neue gesetzliche Regelungen, die wachsende Volatilität des Unternehmensumfeldes und die steigende Komplexität von Märkten werden Manager und Controller auch in Zukunft beschäftigen. Die Stakeholder[70] wollen vermehrt neben den traditionellen Kennzahlen, fundierte Analysen zu strategischen und operativen Fragestellungen. Hierdurch steigt der Effizienzdruck auf das Controlling und Weiterentwicklungsprojekte sowie neue Aufgaben erschließen sich.

---

[69] Das Rollenbild des Controllers als "Business Partner" ist die Trendwahrnehmung der befragten Unternehmen im Rahmen einer durchgeführten Studie aus dem Jahr 2006 und wird nicht von allen Unternehmen gelebt. Siehe hierzu Kap. 3.3.

[70] Als Stakeholder gelten neben den Unternehmenseigentümern, die Mitarbeiter, Lieferanten, Kunden, Gläubiger und der Staat. Für nähere Ausführungen vgl. Gossy (2007): 7f.

Die Frage nach der optimalen organisatorischen Einbindung des Controllings hängt von Faktoren wie der Unternehmensgröße, dem Unternehmensleitbild, der Unternehmensstrategie sowie der grundlegenden Organisationsform des Unternehmens ab. Neben einer Stabsstelle kann das Controlling im Rahmen einer Linienfunktion, zentral, dezentral oder in einer „Dotted Line" Organisation geführt werden. Insbesondere in großen Unternehmen ist individuell zu entscheiden, wieviel Bedeutung dem Controlling zugesprochen wird und somit die Festlegung der hierarchischen Einbindung der jeweiligen Controlling-Abteilung.

In Unternehmen, bei denen bisher die Rolle des „kontrollorientierten Lotsen" dominiert, wird die Empfehlung ausgesprochen, den Controllerbereich durch umfassende organisationale Gestaltungsmaßnahmen im Sinne eines Veränderungsmanagements für das Rollenbild des „Business Partner" anzupassen. Eine mögliche Variante ist die Etablierung einer Controller-Community, in der die Business-Partner-Rolle als kulturelles Element gelebt wird. Aus dem Führungsanspruch des Managements und der Abwägung von Vor- und Nachteilen lässt sich aufbauend die passende Controlling-Organisation entwickeln und die Rolle sowie die Verantwortung des Controllings innerhalb der Gesamtorganisation ableiten. Erst nach Feststellung der primär zu vertretenden Interessen des Controllings im Gesamtunternehmen können weitere Gestaltungsparameter der Controlling-Organisation und die im Unternehmen allgemeingültige Rolle des Controllers ausgeprägt werden.

Abschließend lässt sich sagen, dass der hohen Praxisrelevanz von Trendthemen wie der Prozessverlagerung ins Shared Service Center und der zunehmenden Digitalisierung eine geringe Berücksichtigung in der wissenschaftlichen Literatur gegenübersteht. Die Ausführungen umfassen Studien aus der Unternehmenspraxis, deren theoretisches Fundament bislang wenig ausgeprägt ist. Ein möglicher zukünftiger Fokus könnte darin bestehen, dass wissenschaftliche Beiträge hier ansetzen können, um zukünftige und in der Praxis tätigen Controller eine theoretisch fundierte Rollenbeschreibung mit einhergehender Konzeption zu vermitteln.

# Literaturverzeichnis

*Amshoff, Bernhard* (1993): Controlling in deutschen Unternehmungen: Realtypen, Kontext und Effizienz, 2. Aufl. Wiesbaden: Springer Gabler.

*Axson, David* (2015): Finance 2020: Death by digital: The best thing that ever happened to your finance organization. URL: https://www.accenture.com/us-en/_acnmedia/Accenture/Conversion-Assets/Do-Com/ Documents/Global/PDF/Dualpub_21/Accenture-Finance-2020-PoV.pdf, Abruf am 15.04. 2016.

*Baier, Peter* (2008): Praxishandbuch Controlling: Controllinginstrumente, Unternehmensplanung und Reporting, 2. Aufl. München: mi Wirtschaftsbuch Verlag.

*Binder, Christoph/Schäffer, Utz* (2005): Deutschsprachige Controllinglehrstühle an der Schwelle zum Generationenwechsel. In: Zeitschrift für Controlling und Management, 49: 101f.

*BITKOM* (2014): Big-Data-Technologien – Wissen für Entscheider: Leitfaden. URL: https://www.bitkom.org/Publikationen/2014/Leitfaden/Big-Data-Technologien-Wissen-fuer-Entscheider/140228-Big-Data-Technologien-Wissen-fuer-Entscheider.pdf, Abruf am 02.05.2016.

*Buchholz, Liane* (2013): Strategisches Controlling: Grundlagen – Instrumente – Konzepte, 2. Aufl. Wiesbaden: Springer Gabler.

*Crasselt, Nils/Lohmann, Christian* (2013): Demografie der universitären Controlling-Lehre. In: Controlling & Management Review, 57 (4): 73f.

*Deimel, Klaus/Heupel, Thomas/Wiltinger, Kai* (2013): Controlling. München: Vahlen.

*Desroches, Denis/Lawson, Raef* (2014): Evolving Role of the Controller. URL: http://www.imanet.org/docs/defaultsource/thought_leadership/transforming_the_finance_function/2014_the_changing_role_of_ controller.pdf, Abruf am 16.04.2016.

*Deyhle, Albrecht* (1996): Sprachkompetenz als Controller. In: Controller Magazin, (1): 9f.

*Deyhle, Albrecht/Kottbauer, Markus/Pascher, Dietmar* (2010): Manager und Controlling: Kompaktes Controllingwissen für Führungskräfte, 2 Aufl. Freiburg: VCW (Verlag für Controlling Wissen).

*E.ON* (2012): E.ON bündelt Unterstützungsfunktionen in neuen Einheiten. URL: http://www.eon.com/de/presse/pressemitteilungen/pressemitteilungen/2012/5/24/e-on-buendelt-unterstuetzungsfunktionen-in-neuen-einheiten.html, Abruf am 02.05.2016.

*Ebert, Günter* (2011): Praxis der Unternehmenssteuerung. München: Oldenbourg Verlag.

*EY* (2015): Controlling as a shared service: driving efficiency and effectiveness. URL: http://performance.ey.com/wp-content/uploads/downloads/20 15/08/ EY-Performance-Controlling.pdf, Abruf am 02.05.2016.

*Gleich, Ronald/Michel, Uwe* (2007): Organisation des Controlling: Grundlagen, Praxisbeispiele und Perspektiven. Freiburg: Haufe Verlag.

*Gossy, Gregor* (2007): A Stakeholder Rationale for Risk Management: Implications for Corporate Finance Decisions. Wiesbaden: Springer Gabler.

*Graumann, Mathias* (2014): Controlling: Begriff, Elemente, Methoden und Schnittstellen, 4. Aufl. Herne: NWB Verlag.

*Grönke, Kai/Heimel, Jana* (2014): Big Data im CFO-Bereich: Erkenntnisse aus der CFO-Studie 2014. In: Controller Magazin, (3): 86f.

*Günther, Thomas* (1997): Unternehmenswertorientiertes Controlling. München: Vahlen.

*Günther, Thomas/Grüning, Michael* (2002): Performance Measurement-Systeme im praktischen Einsatz. In: Controlling, 14 (1): 5-14.

*Horváth & Partners* (2014): CFO-Studie 2014. URL: http://www.horvath-partner s.com/de/media-center/studien/detail/cfo-studie-2014, Abruf am 02. 05.2016.

*Horváth et al.* (2015): Industrie 4.0 – Controlling im Zeitalter der intelligenten Vernetzung: Ideenwerkstatt im Internationalen Controller Verein (ICV). In: Controller Magazin, 40 (6): 36-40.

*Horváth, Péter* (1978): Controlling: Entwicklung und Stand einer Konzeption zur Lösung der Adaptions- und Koordinationsprobleme der Führung. In: ZfB, 48 (3): 202.

*Horváth, Péter* (2006): Controlling, 10. Aufl. München: Vahlen.

*Horváth, Péter /Gleich, Ronald/Seiter, Mischa* (2015): Controlling, 13. Aufl. München: Vahlen.

*Hubert, Boris* (2016): Grundlagen des operativen und strategischen Controllings: Konzeptionen, Instrumente und ihre Anwendung. Wiesbaden: Springer Gabler.

*International Group of Controlling (IGC)* (2016): Members. URL: https://www. igc-controlling.org/members.html, Abruf am 16.04.2016.

*International Group of Controlling (IGC)* (Hrsg.) (2005): Controlling-Wörterbuch, 3. Aufl. Stuttgart: Schäffer-Poeschel.

*Jung, Hans* (2014): Controlling, 4. Aufl. München: Oldenbourg Verlag.

*Knobel, Carsten* (2012): Hohe Anforderungen, große Möglichkeiten: Controller als Business Partner bei Henkel. In: Congress der Controller des Internationalen Controller Vereins, 37: 1.

*KPMG* (2013): Shared Services für Controlling-Prozesse: Ergebnis einer empirischen Erhebung zu Status quo und Perspektiven. URL: https://www. kpmg.com/DE/de/Documents/shared-services-controllingprozesse-2013-kpmg.pdf, Abruf am 02.05.2016.

*Küpper, Hans-Ulrich et al.* (2013): Controlling: Konzeption, Aufgaben, Instrumente, 6. Aufl. Stuttgart: Schäffer-Poeschel.

*Küpper, Hans-Ulrich/Wagenhofer, Alfred* (2002): Handwörterbuch Unternehmensrechnung und Controlling, 4. Aufl. Stuttgart: Schäffer-Poeschel.

*Landsberg, Georg von/Weiß, Reinhold* (1995): Bildungs-Controlling, 2. Aufl. Stuttgart: Schäffer-Poeschel.

*Ossadnik, Wolfgang* (2009): Controlling (Lehr- und Handbücher der Betriebswirtschaftslehre), 4. Aufl. Oldenburg: Wissenschaftsverlag.

*Pötsch, Hans Dieter* (2012): Controlling bei Volkswagen. In: Gleich, Ronald et al. (Hrsg.): Controlling – Relevance lost?: Perspektiven für ein zukunftsfähiges Controlling, 4. Aufl. München: Vahlen: 150f.

*Preissler, Peter* (2007): Controlling: Lehrbuch und Intensivkurs, 13. Aufl. München: Oldenbourg Verlag.

*Preißner, Andreas* (2010): Praxiswissen Controlling: Grundlagen - Werkzeuge – Anwendungen, 6. Aufl. München: Carl Hanser Verlag.

*Rao, Thukaram* (2003): Management Accounting. Delhi: New Age International Private Limited.

*Rathe, Alex* (1963): Management Controls Business. In: Malcolm, Donald/Rowe, Alan (Hrsg.): Management Control Systems. New York: John Wiley & Sons: 32.

*Reichmann, Thomas* (2001): Controlling mit Kennzahlen und Managementberichten, 6. Aufl. München: Vahlen.

*Reichmann, Thomas/Lachnit, Laurenz* (1977): Demografie der universitären Controlling-Lehre. In: Kennzahlensysteme als Instrument zur Planung, Steuerung und Kontrolle von Unternehmungen, 0 (9): 43ff.

*RWE* (2014): RWE GBS Polska celebrates its first anniversary, announcing further employment plans for 100 new positions. URL: http://www. rwe.com/web/cms/en/2605876/rwe-gbs-polska/about-us/news/2014-09-29-1st-anniversary, Abruf am 02.05.2016.

*Sathe, Viljay* (1978): Who Should Control Division Controllers?. In: Harvard Business Review, (56): 103f.

*Schildbach, Thomas* (1992): Begriff und Grundprobleme des Controlling aus betriebswirtschaftlicher Sicht. In: Spremann, Klaus/Zur, Eberhard (Hrsg.): Controlling, Grundlagen - Informationssysteme – Anwendungen. Wiesbaden: Springer Gabler: 21.

*Stelling, Johannes* (2009): Kostenmanagement und Controlling, 3. Aufl. München: Oldenbourg Verlag.

*Stepstone* (2016): Controller Vakanzen. URL: http://www.stepstone.de/stellen angebote--Controller-m-w-Bremen-State-Michael-Page--3712047-inline.html, Abruf am 16.04.2016.

*Stoffel, Kurt* (1995): Controllership im internationalen Vergleich. Wiesbaden: Springer Gabler.

*Weber, Jürgen et al.* (2006): Controlling 2006: Stand und Perspektiven [Eine Veröffentlichung des Internationalen Controller Vereins in Kooperation mit dem Lehrstuhl für Controlling und Telekommunikation der WHU - Otto Beisheim School of Management]. Vallendar: ICV.

*Weber, Jürgen/Gschmack, Sigrid* (2012): Zentralisierung von Unterstützungsprozessen: Shared Service Center für finanznahe Funktionen. In: Controlling & Management Review, 56 (3): 44ff.

*Weber, Jürgen/Schäffer, Utz* (1998): Controlling-Entwicklung im Spiegel von Stellenanzeigen 1990-1994. In: Kostenrechnungspraxis, 42: 227-233.

*Weber, Jürgen/Schäffer, Utz* (2006): Einführung in das Controlling, 11. Aufl. Stuttgart: Schäffer-Poeschel.

*Weber, Jürgen/Schäffer, Utz* (2008): Einführung in das Controlling, 12. Aufl. Stuttgart: Schäffer-Poeschel.

*Weber, Jürgen/Schäffer, Utz* (2014): Einführung in das Controlling, 14. Aufl. Stuttgart: Schäffer-Poeschel.

*Weber, Jürgen/Schäffer, Utz/Prenzler, Carsten* (2001): Zur Charakterisierung und Entwicklung von Controlleraufgaben. In: Zeitschrift für Planung, 12: 26-34.

*Weißenberger, Barbara et al.* (2012): Controller als Business Partner: Ansatzpunkte für eine erfolgreiche Umsetzung des Rollenwandels. In: Controlling & Management Review, 56 (5): 332ff.

*Witte, Eberhard/Hauschildt, Jürgen* (1966): Die öffentliche Unternehmung im Interessenkonflikt. Berlin: Allgemeine Verlagsgesellschaft.

**Anhang**

**Anhang 1: Entwicklung deutschsprachiger Controlling-Lehrstühle**

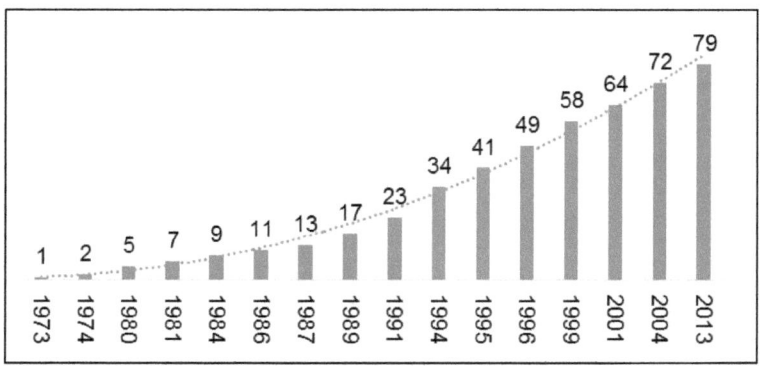

Abb. 9: Entwicklung deutschsprachiger Controlling-Lehrstühle (Quelle: in Anlehnung an Binder/Schäffer (2005): 102)

**Anhang 2: Controlling-Aufgaben im Wandel der letzten 60 Jahre**

| Betrachtungszeitraum / Aufgabengebiet | 1949–1959 | 1960–1964 | 1965–1969 | 1970–1974 | 1975–1979 | 1980–1984 | 1985–1989 | 1990–1994 |
|---|---|---|---|---|---|---|---|---|
| Berichtswesen | – | 14,3 | 6,5 | 4,7 | 8,4 | 8,5 | 11,4 | 13,2 |
| Kurz-/jahresbezogene/operative Planung | – | – | 6,5 | 6,2 | 9,6 | 12,0 | 9,2 | 11,6 |
| Strategische Planung | – | – | – | 1,6 | 4,0 | 7,1 | 3,6 | 3,6 |
| Betriebswirtschaftliche Beratung und Betreuung | 25,0 | 4,8 | 4,8 | 2,3 | 3,2 | 3,7 | 4,8 | 4,7 |
| Investitions-/Wirtschaftlichkeitsrechnungen | – | 4,8 | 3,2 | 2,3 | 4,0 | 2,9 | 4,4 | 6,5 |
| Budgetierung und Budgetkontrolle | – | 4,8 | 12,9 | 9,3 | 11,9 | 8,8 | 10,1 | 7,9 |
| Soll-Ist-Vergleiche/Abweichungsanalysen/ Kostenüberwachung | – | 9,5 | 8,1 | 7,0 | 11,1 | 6,8 | 12,4 | 10,7 |
| Finanzplanung, Beobachtung der Liquidität, Finanzierungsfragen | – | 4,8 | 8,1 | 9,3 | 6,8 | 6,3 | 4,2 | 3,4 |
| Mitgestaltung der Unternehmenspolitik und -ziele | – | – | – | – | 2,0 | 1,5 | 1,7 | 0,8 |
| Steuerung/Führungsaufgaben | – | – | 1,6 | 0,8 | 2,8 | 2,2 | 1,6 | 3,1 |
| EDV-Organisation | – | 4,8 | 8,1 | 3,8 | 7,2 | 8,0 | 5,5 | 3,3 |
| Projektkoordination/Sonderuntersuchungen | – | – | – | 4,7 | 3,2 | 3,4 | 3,4 | 5,1 |
| Bilanzierung/Konzernbilanzierung | – | 14,3 | 3,2 | 6,9 | 2,4 | 2,7 | 2,7 | 4,2 |
| Buchhaltung | – | 9,5 | 4,8 | 7,8 | 3,2 | 3,4 | 2,1 | 2,5 |
| Kostenrechnung/Kalkulation | 50,0 | 18,9 | 14,5 | 11,6 | 5,5 | 9,5 | 7,7 | 6,4 |
| Steuerwesen | 25,0 | 9,5 | 4,8 | 5,4 | 3,6 | 2,0 | 1,2 | 0,8 |
| Sonstiges | – | – | 12,9 | 16,3 | 11,1 | 11,2 | 14,0 | 12,1 |

Angaben jeweils in Prozent der Gesamtaufgaben eines Betrachtungszeitraums

Abb. 10: Controlling-Aufgaben im Wandel (Quelle: Weber/Schäffer (1998): 229)

**Anhang 3: Beispielhafte Stellenausschreibung Controller**

## Controller (m/w)

**Bremen (State) • Feste Anstellung**

**Firmenprofil**
Unser Mandant ist eine familiengeführte, international agierende Unternehmensgruppe mit rund 5.000 Mitarbeitern. Als einer der erfolgreichsten Player in seinem Sektor wächst das Unternehmen stetig. Im Zuge dieses Wachstums suchen wir zum nächstmöglichen Zeitpunkt einen motivierten Controller (m/w) für den zentralen Standort in Bremen.

**Aufgabengebiet**
- Interne Beratung hinsichtlich betriebswirtschaftlicher Fragestellungen der Entscheidungsträger
- Eigenständige Erstellung von Prognosen, Ad-hoc-Analysen und Soll-Ist-Vergleichen sowie Ableitung von entsprechenden Aktivitäten und Maßnahmen
- Ermittlung betrieblicher Gesamtergebnisse eines Geschäftsbereichs auf monatlicher Basis
- Projektcontrolling im Rahmen der Weiterentwicklung der Business Unit
- Analytische Unterstützung bei Due-Diligence-Aktivitäten

**Anforderungsprofil**
- Abgeschlossenes Studium der Betriebswirtschaft mit dem Schwerpunkt Controlling oder vergleichbare Ausbildung
- Mindestens 3 Jahre Berufserfahrung im (Projekt-)Controlling
- Sehr gute MS Office Kenntnisse (insbesondere Excel), Navision-Kenntnisse wünschenswert
- Gute Englischkenntnisse in Wort und Schrift
- Eine sehr ausgeprägte analytische Denkweise sowie strukturiertes Vorgehen
- Starke Kommunikationsfähigkeiten, Teamfähigkeit und Durchsetzungsvermögen

**Vergütungspaket**
- Attraktives Gehaltspaket
- Ein dynamisches und modernes Arbeitsumfeld
- Umfangreiche Weiterentwicklungs- und Karriereperspektiven

**Michael Page Kontakt:**
Wir freuen uns auf Ihre aussagekräftige Bewerbung unter Angabe Ihrer Gehaltsvorstellung und der Referenznummer 248299/001 Ihre Bewerbung wird an **Elvira Giesbrecht** weitergeleitet.
**Bitte beachten Sie:** Um eine schnelle Bearbeitung Ihrer Bewerbung sicherzustellen, bitten wir ausschließlich um Online-Bewerbungen.

▶ Bewerben                                                    Folgen Sie uns auf:

Abb. 11: Beispielhafte Stellenausschreibung Controller (Quelle: Stepstone (2016))

**Anhang 4: Vor- und Nachteile der Dotted Line Organisation**

| Dotted Line Organisation | |
|---|---|
| **Vorteile** | **Nachteile** |
| • Kompromiss zwischen zwei Extremen<br>• Koordination Linien- und Controlling-Anforderungen<br>• Flexibler Einfluss auf Spezialcontroller<br>• Teamorientierte Zusammenarbeit mit dezentralen Einheiten<br>• Zeitnahe Einbindung in Entscheidungsprozesse | • Doppelunterstellung und Loyalitätskonflikte im dezentralen Controlling<br>• Geringe Akzeptanz bei Linien- und Zentral-Controlling<br>• Objektivität und Neutralität gefährdet<br>• Gefahr dezentraler Betriebsblindheit |

Abb. 12: Vor- und Nachteile der Dotted Line Organisation (Quelle: in Anlehnung an Weber/Schäffer (2006): 461)

# BEI GRIN MACHT SICH IHR
# WISSEN BEZAHLT

- Wir veröffentlichen Ihre Hausarbeit,
  Bachelor- und Masterarbeit

- Ihr eigenes eBook und Buch -
  weltweit in allen wichtigen Shops

- Verdienen Sie an jedem Verkauf

## Jetzt bei www.GRIN.com hochladen
## und kostenlos publizieren